BIBLIOTECA ANTAGONISTA

28

EDITORA ÂYINÉ

Belo Horizonte | Veneza

DIRETOR EDITORIAL
Pedro Fonseca

COORDENAÇÃO EDITORIAL
André Bezamat

CONSELHEIRO EDITORIAL
Simone Cristoforetti

EDITORA ÂYINÉ
Praça Carlos Chagas, 49 2° andar
CEP 30170-140 Belo Horizonte
+55 (31) 32914164
www.ayine.com.br
info@ayine.com.br

MARINA GARCÉS
NOVO ESCLARECIMENTO RADICAL

TRADUÇÃO **Vinícius Nicastro Honesko**
PREPARAÇÃO **Érika Nogueira Vieira**
REVISÃO **Ana Martini | Andrea Stahel**

TÍTULO ORIGINAL:

NOVA IL·LUSTRACIÓ RADICAL

© 2017 Marina Garcés
   Originally published by Editorial Anagrama S.A.
© **2019 EDITORA ÂYINÉ**

IMAGEM DA CAPA: Julia Geiser
PROJETO GRÁFICO: **ernésto**

SUMÁRIO

NOVO ESCLARECIMENTO RADICAL **15**

Preâmbulo 17

1. Condição póstuma 25
2. Radicalismo esclarecido 51
3. Humanidades em transição 87

NOVO ESCLARECIMENTO RADICAL

PREÂMBULO

O mundo contemporâneo é radicalmente antiesclarecido. Se Kant, em 1784, anunciava que as sociedades europeias estavam então em tempos de esclarecimento, hoje podemos dizer que estamos, em todo o planeta, em tempos de antiesclarecimento. Ele usava o termo em um sentido dinâmico: o esclarecimento não era um estado, era uma tarefa. Nós também: o antiesclarecimento não é um estado, é uma guerra.

As faces dessa guerra antiesclarecida são muitas e se multiplicam dia após dia. No campo político, cresce um desejo autoritário que fez do despotismo e da violência uma nova força de mobilização. É possível denominá-lo populismo, mas esse é um termo confuso. De fato, trata-se de um novo autoritarismo que permeia toda a sociedade. No plano cultural triunfam as identidades defensivas e ofensivas. A cristandade branca e ocidental recua em seus valores ao mesmo tempo que se desata uma ira antiocidental em muitas partes do mundo, inclusive por parte do pensamento crítico ocidental, que rejeita sua própria genealogia. Em todos os âmbitos, o que triunfa é uma fascinação pelo pré-moderno: tudo o que havia antes era melhor. Como explicou Zygmunt Bauman em seu livro póstumo, é o refúgio no que ele chama «retrotopias», isto é, em utopias que se projetam em um passado idealizado: desde a vida tribal até a exaltação de qualquer forma de vida pré-colonial, pelo simples fato de sê-lo. A educação, o saber e a ciência também se afundam, hoje, em um desprestígio do qual apenas podem se salvar caso se mostrem capazes de oferecer soluções concretas para a sociedade: soluções laborais, soluções técnicas, soluções econômicas. O solucionismo é o álibi de um saber que perdeu a atribuição de nos fazer melhores, como pessoas e como sociedade. Já não cremos nele e, por isso, a ele pedimos soluções e nada mais que soluções. Já não contamos com a possibilidade de nos tornarmos melhores, mas apenas com a de obter mais ou menos privilégios em um tempo que não vai a parte alguma, porque renunciou a apontar para um futuro melhor.

A guerra antiesclarecida legitima um regime social, cultural e político baseado na credulidade voluntária. Kant, em seu famoso ensaio «O que é o esclarecimento?», falava da «autoculpável menoridade do homem». Hoje, mais do que menoridade, temos uma sociedade adulta, ou mesmo senil, que cinicamente está disposta a crer ou a dar a entender que crê no que mais lhe convém em cada momento. As mídias chamam isso de pós-verdade. Mas também este é um termo «retrotópico», porque dá a impressão de que a verdade é o que deixamos para trás, em um passado melhor. Não há mais ou menos verdade no passado. O que há são formas distintas de combater a credulidade que nos oprime em cada época. Precisamos encontrar nosso combate particular contra o sistema de credulidades de nosso tempo. Nossa impotência atual tem um nome: analfabetismo esclarecido. Sabemos tudo, mas não podemos nada. Com todos os conhecimentos da humanidade à nossa disposição, só podemos frear ou acelerar nossa queda no abismo.

O esclarecimento radical foi um combate à credulidade, baseando-se na confiança na natureza humana de emancipar-se e aprimorar-se. Sua arma: a crítica. Não podemos confundir essa aposta radicalmente crítica com o projeto de modernização que, com a expansão do capitalismo mediante o colonialismo, dominou o mundo nos últimos séculos. Há uma distância entre o projeto civilizador de dominação e a aposta crítica pela emancipação que precisa ser novamente explorada. Depois da Segunda Guerra Mundial, Adorno e Horkheimer escreveram seu famoso epitáfio sobre o presente na *Dialética do esclarecimento*:

> No sentido mais amplo do progresso do pensamento, o esclarecimento tem perseguido sempre o objetivo de livrar os homens do medo e de investi-los na posição de senhores. Mas a terra totalmente esclarecida resplandece sob o signo de uma calamidade triunfal.[1]

---

1 Adorno, Theodor W.; Horkheimer, Max. *Dialética do esclarecimento: fragmentos filosóficos.* Rio de Janeiro: Jorge Zahar, 1985. Trad. Guido Antonio de Almeida. p. 19. (N. T.)

Desde então, esclarecimento e calamidade são termos quase sinônimos. Mas essa identificação contém outra: livrar os homens do medo e constituí--los como senhores é o mesmo. Realmente é assim? Dada a magnitude atual da calamidade, que colocou a própria espécie humana à beira de sua sustentabilidade, talvez tenha chegado a hora de desentranhar as implicações dessa sentença e dessa dupla identificação. Que toda libertação culmina em novas formas de dominação ainda mais terríveis e que todo saber mobiliza novas relações de poder é uma obviedade. Mas também é o argumento reacionário com o qual se condenou qualquer intenção radical de transformar o mundo e de impulsionar o desejo, pessoal e coletivo, de emancipação. Assim, chegamos a aceitar, como um dogma, a irreversibilidade da catástrofe. Por isso, para além da modernidade, que desenhou um futuro para todos, e da pós-modernidade, que celebrou um presente inesgotável para cada um, nossa época é a da continuação póstuma: sobrevivemos, uns contra os outros, em um tempo que apenas resta.

E se nos atrevermos a pensar, mais uma vez, a relação entre saber e emancipação? Parecem palavras gastas e ingênuas. Mas, justamente, este é o efeito desmobilizador que o poder persegue hoje: ridicularizar a capacidade de nos educarmos para construirmos, juntos, um mundo mais habitável e mais justo. Todos os tipos de *gadgets* nos são oferecidos para a salvação: tecnologia e discursos oficiais. Líderes e bandeiras. Siglas. Bombas. Embarcamos em projetos de inteligência delegada, nos quais por fim poderemos ser tão estúpidos como, na qualidade de humanos, temos demonstrado ser, porque o mundo e seus dirigentes serão inteligentes por nós. Um mundo *smart* para habitantes irremediavelmente idiotas.

Já não estamos atolados na dialética entre o desencantamento e o desencanto que anuviou a cultura dos séculos XIX e XX. Estamos às portas de uma rendição. A rendição do gênero humano diante da tarefa de aprender e autoeducar-se para viver de modo mais digno. Diante dessa rendição, proponho pensar um novo esclarecimento radical. Retomar o combate contra a credulidade e afirmar a liberdade e a dignidade da experiência humana em sua capacidade de aprender sobre si mesma. Naquele momento, esse combate foi revolucionário. Agora é necessário. Então, sua luz se projetou como um universal expansivo e promissor, invasivo e dominador. Agora, na era global, podemos aprender a conjugar um universal recíproco e acolhedor.

Um ensaio é escrita em curso. Algumas linhas deste ensaio foram elaborados em conferências recentes, como *Inacabar o mundo* (CCCB Barcelona), *Humanidades em transição* (Institut d'Humanitats, Barcelona), *Um saber realmente útil* (Museo Reina Sofía, Madri), *A força da fome* (MACBA, Barcelona) ou *Condição póstuma* (Mextrópoli, México). Também foram compartilhadas e discutidas com os participantes, a quem agradeço pela cumplicidade, da Aula Oberta del Institut d'Humanitats (Barcelona) e do Seminário de Filosofia da Fundación Juan March (Madri). O conjunto resultante é uma antecipação de trabalhos por vir.

1. CONDIÇÃO PÓSTUMA

Nosso tempo é o tempo do *tudo se acaba*. Vimos acabar a modernidade, a história, as ideologias e as revoluções. Temos visto como o progresso acaba: o futuro como tempo da promessa, do desenvolvimento e do crescimento. Agora vemos como terminam os recursos, a água, o petróleo e o ar limpo, e como se extinguem os ecossistemas e sua diversidade. Por fim, nosso tempo é aquele em que tudo se acaba, inclusive o próprio tempo. Não estamos regredindo. Alguns dizem que estamos em processo de esgotamento ou de extinção. Talvez não chegue a ser assim como espécie, mas sim como civilização baseada no desenvolvimento, no progresso e na expansão.

O dia a dia da imprensa, dos debates acadêmicos e da indústria cultural nos confronta com a necessidade de refletir partindo do esgotamento do tempo e do fim dos tempos. Buscamos exoplanetas. Os nomes de seus descobridores são os novos Colombo e Marco

Polo do século XXI. Os heróis dos filmes já não conquistam o Oeste, mas o planeta Marte. Alguns, crédulos, já compraram o bilhete de ida. Os caminhos para a fuga estão sendo traçados e os ricos deste mundo finito já fazem fila.

De fato, faz tempo que se decretou a morte do futuro e da ideia de progresso. Foi nos anos oitenta do século XX que o futuro se converteu em uma ideia do passado, própria de velhos ilustrados, de visionários e de revolucionários nostálgicos. A globalização prometia um presente eterno, uma estação de chegada aonde pouco a pouco os países em vias de desenvolvimento chegariam e onde nós, todos os cidadãos do mundo, progressivamente iríamos nos conectando. Mas nos últimos tempos o fim da história está mudando de sinal. O que temos à frente já não é um presente eterno nem um lugar de chegada, mas uma ameaça. Já foi dito e escrito que com o 11 de Setembro de 2001 a realidade e a história se colocaram em marcha mais uma vez. Mas, em vez de perguntarmos «para onde?», a pergunta que devemos fazer hoje é «até quando?».

Até quando terei emprego? Até quando viverei com meu companheiro? Até quando haverá pensões? Até quando a Europa seguirá sendo branca, laica e rica? Até quando haverá água potável? Até quando ainda acreditaremos na democracia?... Das questões mais íntimas às mais coletivas, do individual ao global, tudo se faz e se desfaz sob a sombra de um «até quando». Mesmo que a história tenha se colocado em marcha, seguimos sem ter futuro. O que mudou é a relação com o presente: daquilo que teria de durar para sempre, ele se converteu no que não pode aguentar mais; no que é literalmente insustentável. Vivemos, assim, precipitando-nos no tempo da iminência, no qual tudo pode mudar radicalmente ou acabar definitivamente. É difícil saber se essa iminência contém uma revelação ou uma catástrofe. A fascinação pelo apocalipse domina a cena política, estética e científica. Trata-se de uma nova ideologia dominante que é preciso isolar e analisar, antes que, como um vírus, ela se apodere do mais íntimo de nossas mentes.

Junto com o «até quando» desperta também o impulso do «agora ou nunca», do «se não agora, quando?». Desse impulso nascem os atuais movimentos de protestos, de auto-organização da vida, de intervenção nas guerras, de transição ambiental, de cultura livre, os novos feminismos... Uma mesma consciência permeia toda a pergunta: não vai dar certo, isto é, não pode continuar sem sucumbir. O que se compartilha é uma mesma experiência do limite. Esse limite não é qualquer limite: é o limite do *vivível*. Esse umbral a partir do qual pode ser que haja vida, mas que não seja para nós, para a vida humana. Vida *vivível*: é a grande questão de nosso tempo. Alguns já a elaboram em meros termos de sobrevivência, mesmo que seja aos trancos, fora deste planeta. Outros voltam a colocar a velha questão sobre a mesa, ou no meio da praça: vida *vivível* é vida digna. Seus limites são aqueles pelos quais ainda podemos lutar.

Quando hoje se afirma que o tempo acaba e se aceita caminhar sobre a irreversibilidade de nossa própria morte, de que tempo e de que morte se está falando? Justamente, do tempo *vivível*. Não está em questão o tempo abstrato, o tempo vazio, mas o tempo em que ainda podemos intervir em nossas condições de vida.

Confrontados com o esgotamento do tempo *vivível* e, por fim, com o naufrágio antropológico e com a irreversibilidade de nossa extinção, nosso tempo já não é o da pós-modernidade, mas o da insustentabilidade. Já não estamos na condição pós-moderna, que alegremente havia deixado o futuro para trás, mas em outra experiência do fim, a condição póstuma. Nesta, o *pós-* não indica o que se abre após deixar os grandes horizontes e referentes da modernidade para trás. Nosso pós- é o que vem depois do depois: um *pós-* póstumo, um tempo de prorrogação que nos damos quando já concebemos, e em parte aceitamos, a possibilidade real de nosso próprio fim.

Insustentabilidade

A consciência, cada vez mais generalizada, de que «isto» (o capitalismo, o crescimento econômico, a sociedade de consumo, o produtivismo, como se queira chamar) é insustentável desafia radicalmente o atual estado de coisas. Por isso é inominável. Ou por isso sua expressão é neutralizada, já há anos, com todo tipo de argúcias terminológicas e ideológicas. Desde os anos setenta do século passado, uma das principais estratégias de contenção da crítica radical ao capitalismo tem sido o conceito de sustentabilidade e, de forma mais concreta, de desenvolvimento sustentável.

A sustentabilidade apareceu como pergunta ou como problema quando, em 1972, o Clube de Roma postulou, em seu relatório *Limites do crescimento,* que em um planeta finito o crescimento ilimitado não era possível. A pergunta que esse relatório lançava ao mundo continha também um «até quando»: até quando poderá o planeta, como conjunto dos recursos naturais necessários para a vida, aguentar, sem sucumbir, o ritmo de exploração e de deterioração ao qual o submete a atividade produtiva e vital do ser humano?

A esse problema se respondeu com o conceito de desenvolvimento sustentável, promovido já não como contradição a ser resolvida, mas como solução a ser proposta. Assim como o definia, em 1987, o *Relatório Brundtland,* o desenvolvimento sustentável seria aquele que satisfaz as necessidades do presente sem comprometer as necessidades das futuras gerações. É um conceito que já nesse momento despertou uma controvérsia terminológica que, na realidade, era um conflito político. Como explicou o economista José Manuel Naredo, entre outros, esse conflito provocou a intervenção do próprio Henry Kissinger. O que se conseguiu com esse fechamento ideológico em torno da sustentabilidade do desenvolvimento foi blindar toda discussão em torno da sustentabilidade do próprio sistema econômico. O neoliberalismo estava ganhando a batalha de ideias e o imaginário que dominaria, até hoje, os desejos pessoais e coletivos em todo o planeta. A integração da questão ambiental por meio do discurso da sustentabilidade neutralizou qualquer novo questionamento que poderia surgir para além da derrota histórica do comunismo.

Não obstante, a partir da crise de 2008, o que se colocou seriamente em questão foi, precisamente, a sustentabilidade do próprio capitalismo. A pergunta que hoje alimenta os relatos apocalípticos e o cancelamento do futuro aponta para a difícil viabilidade de um sistema econômico baseado no crescimento e na especulação. A pergunta sobre «até quando» já não questiona apenas a disponibilidade de recursos e fontes de energias naturais. Vai além: até quando poderá o sistema capitalista aguentar seu próprio ritmo de crescimento sem fracassar? A pergunta se desloca do planeta e seus limites para as bolhas e sua instabilidade. Vivemos em um planeta finito à beira do colapso e sobre bolhas (financeiras, imobiliárias etc.) sempre a ponto de estourar.

A crise é um problema intrínseco ao capitalismo, como já haviam analisado os economistas clássicos e Marx, entre outros. Mas o que agora está em questão é a própria premissa do crescimento como condição para a atividade econômica. O fato de que no século XVIII o crescimento era inseparável da economia política tinha seu sentido, porque era o que se estava experimentando diretamente: expansão colonial, aumento exponencial da riqueza, salto técnico na industrialização, crescimento demográfico etc. Mas, atualmente, a percepção é exatamente oposta. Por que seria preciso manter um princípio que contradiz a experiência real que temos hoje acerca de nossas condições de vida? É assim que um princípio, afirmado em si mesmo e contra toda evidência, converte-se em dogma. Um dogma que de novo se ampara na ideia da sustentabilidade. Agora, a sustentabilidade que se predica não é só dos recursos naturais, mas também do sistema econômico como tal. A nova palavra de ordem é: fazer sustentável o sistema. Esse foi o grande argumento das chamadas políticas de austeridade. Isto é, os cortes e a privatização dos serviços públicos, especialmente no sul da Europa.

«Austeridade» é uma das palavras que estão em jogo, hoje, na encruzilhada das decisões coletivas de nosso tempo. Longe da austeridade como valor ético, como posição anticonsumista, «decrescentista» e que respeita o meio ambiente, a austeridade que se invoca para assegurar a sustentabilidade do sistema funciona como uma máquina de reduzir o gasto público e as expectativas de uma boa vida à condição de privilégio. Dito de forma mais direta: trata-se de um reajuste das margens de uma vida digna.

Aí se abre uma nova dimensão da pergunta sobre o «até quando», na qual nós, os humanos, e nossas condições de vida somos diretamente colocados em questão. Até quando poderemos, os seres humanos, aguentar as condições de vida que nós mesmos nos impomos sem nos destruirmos (individualmente) ou nos extinguirmos (como espécie)? A questão sobre a sustentabilidade, que nos anos setenta apontava para a finitude do planeta, agora se volta para nós mesmos, como um bumerangue, e aponta diretamente para nossa fragilidade, para nossa própria finitude. Assim, vemo-nos confrontados com uma terceira experiência do limite: junto com a do planeta e com a do sistema, a experiência que tem a ver com a precariedade de nossas vidas. Essa precariedade, que se converteu em um tema recorrente na filosofia, nas artes e nas ciências humanas e sociais de nosso tempo, tem múltiplas faces, nem todas coincidentes. Do mal-estar psíquico e físico que assola as sociedades mais ricas à quebra das economias de subsistência nas mais pobres. Tanto em um quanto em outro extremo, da alma ao estômago, sofre-se de uma impotência vinculada à impossibilidade de se ocupar e intervir nas próprias condições de vida. É o fim do tempo *vivível*, como dizíamos no início. Um novo sentido do desespero.

Isso já era anunciado, nos anos cinquenta, por um autor como Günther Anders, em seus ensaios sobre *A obsolescência do homem*. O que ele então colocava é que o homem se fez pequeno. Pequeno não mais diante da imensidão do mundo ou sob os céus infinitos, mas pequeno em relação às consequências de sua própria ação. Anders escrevia na época em que a racionalidade técnica havia produzido e administrado os campos de extermínio e a bomba atômica. Mas não falava apenas dessa nova capacidade de destruição programada. Apontava para a intuição cada vez mais inquietante de que a ação humana, tanto individual quanto coletiva, já não está à altura da complexidade que ela mesma gera e com a qual tem de se desenvolver. O sujeito, como consciência e vontade, perdeu a capacidade de dirigir a ação no mundo e de ser, portanto, o timoneiro da história. Nessa intuição se adiantava, também, a derrota do ciclo moderno revolucionário, com sua pulsão para refazer radicalmente o mundo a partir da ação política. Desde então, temos um problema de escala que nos situa na encruzilhada de uma dolorosa contradição: somos pequenos e precários, mas temos um poder desmesurado.

Depois da pós-modernidade

Passamos, assim, da condição pós-moderna à condição póstuma. O sentido do depois mudou: do depois da modernidade ao depois sem depois. As consequências civilizatórias desse deslocamento estão sendo exploradas hoje, sobretudo, pela literatura, pela ficção audiovisual e pelas artes. Também o jornalismo de ficção, o que se dedica a rastrear tendências de futuro, está dedicando grandes doses de atenção a esse deslocamento. Mas como pensá-lo? Como pensá-lo para que a compreensão nos leve para além do temor e da resignação?

A condição pós-moderna foi caracterizada por Jean-François Lyotard como a incredulidade em relação aos grandes relatos e seus efeitos sobre as ciências, a linguagem e o conhecimento. Segundo suas análises, o que caracterizava os saberes pós-modernos é que nem a história, como cenário do progresso para uma sociedade mais justa, nem o progresso, como horizonte a partir do qual valorar a acumulação científica e cultural em relação à verdade, eram então o marco de validade da atividade epistemológica, cultural e política. O depois pós-moderno, tal como o elaborava Lyotard em seu texto de 1979, *A condição pós-moderna,* encontrava-se livre do sentido linear da metanarrativa histórica do progresso e se abria aos tempos múltiplos, às heterocronias, ao valor da interrupção, ao acontecimento e às descontinuidades. Assim como o punk, que também nesses anos lançava seus gritos de vida e de raiva, o «não futuro» pós-moderno era experimentado como uma libertação. Diante dele, a condição póstuma paira hoje sobre nós como a imposição de um novo relato, único e linear: o da destruição irreversível de nossas condições de vida. Inversão da concepção moderna da história, que se caracterizava pela irreversibilidade do progresso e da revolução, tem agora no futuro não a realização da história, mas sua implosão. A linearidade histórica voltou, porém não aponta para uma luz no fim do túnel, mas tinge de sombras nossas vitrines de incansável luz artificial.

Essa nova captura narrativa do sentido do futuro muda radicalmente a experiência do presente. Nos anos oitenta e noventa do século passado, a globalização econômica convidava a humanidade a celebrar um presente eterno repleto de possibilidades, de simulacros e de promessas realizáveis no aqui e agora. A pós-modernidade elaborou o sentido das tensões dessa recém-estreada temporalidade. Livre do lastro do passado e do álibi do futuro, o que a globalização oferecia era um presente eterno do hiperconsumo, da produção ilimitada e da unificação política do mundo. Um ecumenismo mercantil que fazia da rede a forma de reconciliação e da esfera terrestre a imagem da comunidade salva. Nesse presente, o futuro já não era necessário porque de algum modo se havia realizado ou estava em vias de fazê-lo.

O que estamos experimentando na condição póstuma não é uma volta ao passado ou uma grande regressão, como se está propondo pensar a partir de alguns debates atuais, mas a quebra do presente eterno e a implementação de um não tempo. Do presente da salvação ao presente da condenação. Nosso presente é o tempo que resta. Cada dia, um dia a menos. Se o presente da condição pós-moderna nos era oferecido sob o signo da eternidade terrena, sempre jovem, o presente da condição póstuma nos é dado hoje sob o signo da catástrofe da terra e da esterilidade da vida em comum. Seu tempo já não convida à celebração, mas condena à precarização, ao esgotamento dos recursos naturais, à destruição ambiental e ao mal-estar físico e mental. Da festa sem tempo ao tempo sem futuro.

As consequências dessa reviravolta vão além da análise da temporalidade. Têm efeitos, também, no modo como se configuram os sistemas de poder, as identidades e o próprio sentido da ação. A pós-modernidade parecia levar ao cume a virada biopolítica da política moderna. Como começou a analisar Michel Foucault e desenvolveram outros autores, entre os quais Giorgio Agamben e Antonio Negri, a relação entre o Estado e o capitalismo configurou, do século XVIII em diante, um cenário biopolítico no qual a gestão da vida, individual e coletiva, era o centro da legitimidade do poder e da organização de suas práticas de governamentalidade. Não é que não houvesse morte executada pelas ordens bélicas ou policiais do Estado, mas sob o regime biopolítico ela era considerada excepcional e deficitária em relação à normalidade política. Atualmente, a biopolítica está mostrando sua face necropolítica: na gestão da vida, a produção de morte já não é vista como déficit ou exceção, mas como normalidade. Terrorismo, populações deslocadas, refugiados, feminicídios, execuções massivas, suicídios, escassez ambiental... A morte não natural não é residual ou excepcional, não interrompe a ordem política, mas se coloca no centro da normalidade democrática e capitalista e de suas guerras não declaradas. Hobbes e a ordem política da modernidade, na qual a paz e a guerra são o dentro e o fora da civilidade e do espaço estatal, foram ultrapassados. Com eles, também o horizonte kantiano da paz perpétua, isto é, o ideal regulador de um avanço tendencial para a pacificação do mundo, foi apagado do mapa de nossas possibilidades.

Com esse horizonte, a ação coletiva (seja política, científica ou técnica) já não se entende a partir da experimentação, mas da emergência, como operação de salvação, como reparo ou como resgate. Os heróis mais emblemáticos de nosso tempo são os socorristas do Mediterrâneo. Eles, com seus corpos sempre prestes a saltar na água para resgatar uma vida sem rumo que deixou para trás um passado sem ter nenhum futuro, expressam a ação mais radical de nossos dias. Salvar a vida, mesmo que esta não tenha nenhum outro horizonte de sentido senão afirmar a si mesma. O resgate como única recompensa. De algum modo, a «nova política» que surgiu na Espanha nos últimos anos e que governa alguns povos, cidades e territórios apresenta-se também sob esta lógica: sua razão de ser primeira, antes da transformação política (ou seja, futuro), é a emergência social. A política como ação de resgate do cidadão se coloca à frente da política como projeto coletivo baseado na mudança social. Inclusive nos movimentos sociais e no pensamento crítico atual falamos muito de «cuidados». Cuidar de nós mesmos é a nova revolução. Talvez esse seja um dos temas essenciais que vão desde o feminismo até a ação de vizinhança ou a autodefesa local. Mas esses cuidados sobre os quais tanto falamos talvez comecem a se parecer em demasia com cuidados paliativos.

Por isso, talvez, o imaginário coletivo de nosso tempo se encheu de zumbis, de dráculas e de caveiras. Enquanto nos tornamos conscientes dessa morte que já vem conosco, não sabemos como responder à morte real, aos velhos e aos doentes que nos acompanham, às mulheres violentadas e assassinadas, aos refugiados e aos imigrantes que cruzam fronteiras deixando nelas a própria pele. A condição póstuma é o depois de uma morte que não é a nossa morte real, mas uma morte histórica produzida pelo relato dominante de nosso tempo. Por que esse relato triunfou tão facilmente? É evidente que estamos vivendo, em tempo real, um enrijecimento das condições materiais de vida, tanto econômicas como ambientais. Os limites do planeta e de seus recursos são evidências científicas. A insustentabilidade do sistema econômico também é cada vez mais evidente. Entretanto, qual é a raiz da impotência que nos inscreve, de maneira tão acrítica e obediente, como agentes de nosso próprio fim? Por que, se estamos vivos, aceitamos um cenário *post mortem*?

A catástrofe do tempo

Na condição póstuma, a relação com a morte atravessa o tempo em suas três dimensões vividas e o submete, assim, à experiência da catástrofe. Somos póstumos porque de alguma maneira a irreversibilidade de nossa morte civilizatória pertence a uma experiência do ido. Walter Benjamin pensava em uma revolução que restauraria, ao mesmo tempo, as promessas não cumpridas do futuro e das vítimas do passado. A revolução, pensada a partir do esquema teológico da salvação, reiniciaria os tempos. A condição póstuma é a inversão dessa revolução: uma morte que não cessa, uma condenação que não chegará ao fim dos tempos, mas que se converte em temporalidade. É a catástrofe do tempo.

A catástrofe do tempo é a expressão que utiliza Svetlana Aleksiévitch para se referir a Tchernóbil. Vale muito a pena ler diretamente suas palavras. São fragmentos do capítulo «Entrevista da autora consigo mesma...», de *Vozes de Tchernóbil*:

Olho para Tchernóbil como para o início de uma nova história; Tchernóbil não significa apenas conhecimento, mas também pré-conhecimento, porque o homem pôs em discussão a concepção anterior de si mesmo e do mundo. Quando falamos de passado e futuro, imiscuímos nessas palavras a nossa concepção de tempo, mas Tchernóbil é antes de tudo uma catástrofe do tempo. [...]

Incendiou-se a chama da eternidade. Calaram-se os filósofos e os escritores, expulsos de seus canais habituais da cultura e da tradição.

Em apenas uma noite nos deslocamos para outro lugar da história. Demos um salto para uma nova realidade, uma realidade que está acima do nosso saber e acima da nossa imaginação. Rompeu-se o fio do tempo... O passado de súbito surgiu impotente, não havia nada nele em que pudéssemos nos apoiar; e, no arquivo onipotente (assim acreditávamos) da humanidade, não se encontrou a chave que abria a porta.

Antes de tudo, em Tchernóbil se recorda a vida «depois de tudo»: objetos sem o homem, paisagens sem o homem. Estradas para lugar nenhum, cabos para parte algu-

ma. Você se pergunta o que é isso: passado ou futuro? Algumas vezes, parece que estou escrevendo o futuro.
A única coisa que se salva no nosso conhecimento é saber que nada sabemos.
Tudo se modificou, menos nós.[1]

Tchernóbil, Verdún, Auschwitz, Hiroshima, Nagasaki, Bhopal, Palestina, Nova York, África do Sul, Iraque, Chechênia, Tijuana, Lesbos... Uma geografia inacabável da morte que devorou o tempo e o converteu em catástrofe. Morte massiva, morte administrada, morte tóxica, morte atômica. É a morte provocada de milhões de pessoas, com a qual morrem também o sujeito, a história e o futuro da humanidade. É a morte que a pós-modernidade, com sua celebração do simulacro de um presente inesgotável, negou e que agora volta, como todo reprimido, com mais força. Aqui está a debilidade da cultura pós-moderna, como tudo

---

[1] Aleksiévitch, Svetlana. *Vozes de Tchernóbil: A história oral do desastre nuclear.* São Paulo: Companhia das Letras, 2016. Trad. Sonia Branco. pp. 39-51. (N. T.)

aquilo que também foi capaz de dar passagem: o presente eterno do simulacro esqueceu e negou a morte, mesmo que tenha falado dela. Acolheu a finitude e a fragilidade, mas não a morte do morrer e a morte do matar. De forma mais concreta, esqueceu a distinção entre o morrer e o matar, entre a finitude e o extermínio, entre a caducidade e o assassinato.

Como Baudrillard intuía, o simulacro ocultou o crime. Impediu-nos, assim, de pensar que a morte, que hoje aceitamos como horizonte passado e futuro de nosso tempo, não é a de nossa condição mortal, mas a de nossa vocação assassina. É o crime. É o assassinato. Assim entendeu a escritora austríaca Ingeborg Bachmann, autora de obra e vida inacabadas, que nunca confundiu a finitude humana com a produção social de morte, de «modos de matar» (*Todesarten* é o título geral de seu ciclo de romances). Não em vão havia estudado filosofia e feito sua tese de doutorado, em plenos anos quarenta do século XX, contra a figura e a filosofia da morte de Heidegger. Após abandonar a filosofia como disciplina, Bachmann deslocou sua pesquisa para a própria palavra, despojada de todo academicismo, e para sua confiança na possibilidade de encontrar, ainda, uma palavra verdadeira. Uma dessas palavras verdadeiras, que muda o sentido da experiência de nosso tempo, é precisamente a palavra «assassinato». Com ela, Bachmann termina o romance inacabado *Malina*. A partir da verdade a que nos expõe essa palavra, podemos dizer com Bachmann que não estamos nos extinguindo, mas que nos estão assassinando, ainda que seletivamente. Com essa reviravolta, com essa interrupção do sentido de nosso fim, a morte já não se projeta no fim dos tempos, mas entra no tempo presente, mostra as relações de poder de que é composta, e pode ser denunciada e combatida. O tempo da extinção não é o mesmo que o do extermínio, como morrer e matar tampouco são o mesmo.

Diz Aleksiévitch, no fragmento citado, que do passado só se salvou a sabedoria de que não sabemos nada. Isto é, essa velha condição socrática do não saber como porta para um saber mais verdadeiro, porque passou pelo abismo do questionamento crítico radical. O não saber, a partir desse gesto soberano de declarar-se fora do sentido já herdado, é de todo contrário ao analfabetismo como condenação social. É um gesto de insubmissão em relação à compreensão e à aceitação dos códigos, das mensagens e dos argumentos do poder.

Para mim, declarar que somos insubmissos à ideologia póstuma é a principal tarefa do pensamento crítico hoje. Toda insubmissão, se não quer ser um ato suicida ou autocomplacente, deve ter ferramentas para sustentar e compartilhar sua posição. Nesse caso, precisamos de ferramentas conceituais, históricas, poéticas e estéticas que nos devolvam a capacidade pessoal e coletiva de combater os dogmas e seus efeitos políticos. Por isso proponho uma atualização da aposta esclarecida, entendida como o combate radical contra a credulidade. Recebemos a herança esclarecida por meio da catástrofe do projeto de modernização com o qual a Europa colonizou e deu forma ao mundo. A crítica a esse projeto e a suas consequências deve ser continuada e elaborada, também hoje, *pari passu* com as culturas e as formas de vida, humanas e não humanas, que sofreram esse projeto como uma invasão e uma imposição, dentro e fora da Europa. Devemos fazê-la juntos porque o programa de modernização está colocando em risco os próprios limites de nosso mundo comum. Mas essa crítica, precisamente porque se trata de uma crítica ao dogma do progresso e a suas correspondentes formas de credulidade, devolve-nos às raízes do esclarecimento como atitude e não como projeto, como impugnação dos dogmas e dos poderes que destes se beneficiam.

A tormenta esclarecida se desencadeia, precisamente, como a potência de um sábio não saber, para dizer nos termos de Aleksiévitch. Não é um ceticismo: é um combate do pensamento contra os saberes estabelecidos e suas autoridades, um combate do pensamento no qual se confia em uma convicção: pensando podemos nos fazer melhores, e só merece ser pensado aquilo que, de uma forma ou de outra, contribui para isso. Resgatar essa convicção não é ir ao resgate do futuro ao qual a modernidade sentenciou o mundo ao não futuro. Muito pelo contrário: é começar a encontrar os indícios para mais uma vez resgatar um tempo do *vivível*. Essa convicção não pode ser monopólio de ninguém: nem de uma classe social, nem da intelectualidade, nem de determinadas instituições. Tampouco da identidade cultural europeia. Poder dizer «não cremos nisso» é a expressão mais igualitária da potência comum do pensamento.

2. RADICALISMO ESCLARECIDO

Entendo o esclarecimento como o combate à credulidade e seus correspondentes efeitos de dominação. Na passagem do século XVII para o XVIII, aconteceu na Europa um amplo movimento esclarecido que não se definiu por um projeto comum, mas por seu comum rechaço ao autoritarismo em suas diferentes formas (política, religiosa, moral etc.). O fato de que a Europa moderna estivesse atravessada por esse movimento não implica, todavia, que o esclarecimento seja um patrimônio vinculado a uma identidade cultural, a europeia, nem a um período histórico, a modernidade. De fato, poderíamos fazer uma história da humanidade seguindo e tecendo os fios dos diversos esclarecimentos, muitos deles nunca ouvidos, em diversos tempos e partes do mundo. É por isso, também, que hoje podemos nos perguntar sobre a possibilidade de um novo esclarecimento radical contra a condição póstuma, um esclarecimento nem moderno nem pós-

-moderno, mas fora desse ciclo de periodização linear do sentido histórico. Um esclarecimento global, quiçá, mais geográfico do que histórico e mais mundial do que universal.

Diante dessa definição do esclarecimento, entendo a modernização, pelo contrário, como um projeto histórico concreto das classes dominantes europeias, vinculado ao desenvolvimento do capitalismo industrial mediante a colonização. A modernização do mundo é um projeto civilizatório que dualiza a realidade em todas as suas dimensões e hierarquiza seu valor: o antigo e o novo, o tempo passado e o tempo futuro, a tradição e a inovação, a raça branca e as outras, a tecnociência e os saberes menores, a razão e a superstição, o valor de uso e o valor de troca, nós e eles..., e, atravessando todas essas contraposições, a dualidade fundamental, que é a que distingue o mundo natural do mundo humano, a natureza da cultura, e os opõe frontalmente. Em todas essas dualidades há um signo positivo e um signo negativo, um mais e um menos. Isso implica, é óbvio, uma nova operação de dominação que afeta todos os âmbitos da vida quando a modernização chega. As feridas que esse projeto civilizatório deixou em nossos corpos e nossas mentes, nos ecossistemas do planeta, nas línguas, culturas, nos saberes e nas formas de vida do mundo inteiro, nas últimas décadas suscitaram uma ira, uma espécie de consenso antimoderno que é, ao mesmo tempo, certa unanimidade antiesclarecida. O livro recente de Pankaj Mishra, *La edad de la ira: una historia del presente* (Galaxia Gutenberg, 2017), faz um apanhado do sangrento panorama cultural e político derivado desse ressentimento plantado pela própria modernização de viés ocidental em todo o mundo. Mishra expõe de forma linear a relação direta entre esclarecimento e modernização como principal argumento da catástrofe atual:

> Os ambiciosos filósofos do Iluminismo deram luz à ideia de uma sociedade perfectível – um Céu na terra mais do que no além. Esta foi adotada com entusiasmo pelos revolucionários franceses – Saint-Just, um dos mais fanáticos, comentou de forma memorável que «a ideia de felicidade é nova na Europa» – antes de se conver-

ter à nova religião política do século XIX. Introduzida até o cerne do mundo pós-colonial no século XX, converteu-se em fé na modernização desde cima.

A confusão entre o impulso emancipador que guia o desejo de uma vida feliz e digna na terra e o projeto de dominação sobre todos os povos e recursos naturais da terra é perigosa porque ignora o combate interno à própria modernidade e nos deixa sem referentes e sem ferramentas emancipadoras com as quais combater os dogmatismos de nossa obscura condição póstuma, bem como seus gurus e seus salvadores.

A distinção, intrínseca à modernidade, entre a aposta crítica de um esclarecimento radical e revolucionário e os distintos projetos moderados e reformistas modernos, que o redirecionam e neutralizam, foi desenvolvida por diversos historiadores que alteraram a visão que os vencedores da filosofia e da política modernas nos haviam oferecido. Talvez o mais conhecido deles seja Jonathan Israel, mas na mesma linha trabalharam, antes e depois dele, outras referências, como Margaret Jacob, Ann Thomson, Paul Hazard, Philipp

Blom etc. Graças a eles, mais do que por meio da história da filosofia escrita continuamente desde o império de Kant e do idealismo alemão, podemos ter acesso a outro sentido da ruptura esclarecida e nos perguntar sobre sua atualidade.

O combate à credulidade não é o ataque a qualquer crença. As crenças são necessárias para a vida e para o conhecimento. A credulidade, ao contrário, é a base de toda dominação, porque implica uma delegação da inteligência e da convicção. Afirmam os enciclopedistas no verbete «Crítica» da *Encyclopédie Française*: «a credulidade é a sorte dos ignorantes; a incredulidade decidida, a dos meio sábios; a dúvida metódica, a dos sábios». Para o esclarecimento, não se trata de estabelecer qual é o saber mais acertado, mas qual é a relação mais acertada com cada uma das formas da experiência e do saber. Portanto, a aposta não consiste em substituir a religião pela ciência e fazer desta, como com frequência se diz, uma nova religião moderna. O esclarecimento não é o combate da ciência com a religião ou da razão com a fé. Essa é uma simplificação reducionista que distorce o que verdadeiramente está em jogo. O que o esclarecimento radical exige é poder exercer a liberdade de submeter qualquer saber e qualquer crença a um exame, venha de onde vier, formule-o quem o formular, sem pressupostos nem argumentos de autoridade. Esse exame necessário, sobre a palavra dos outros e, especialmente, sobre o próprio pensamento, é o que começam a chamar então, de maneira genérica, de crítica. Além do sentido estrito que esse termo teve, e que se referia ao trabalho de interpretação dos textos antigos, no século XVIII passa a significar, ainda segundo a *Encyclopédie,* «um exame claro e um juízo equitativo das produções humanas».

A crítica não é um juízo de superioridade. Muito pelo contrário: é a atenção necessária de que precisa uma razão que se sabe finita e precária, e assume essa condição. Continua a *Encyclopédie*: «O que deve fazer então o crítico? [...] em uma palavra, convencer o espírito humano de sua debilidade, contanto que possa empregar utilmente a pouca força que esbanja em vão». Por isso Kant radicaliza ainda mais a aposta crítica: não só precisamos submeter a exame as verdades que produzimos (as da ciência, da lei, dos valores morais etc.), mas a razão também deve ser submetida a sua própria crítica, suspeitar de si mesma e interrogar-se sempre sobre os próprios desejos e limites. «A razão produz monstros...» A frase é de Goya, mas poderia ter sido escrita pelo próprio Kant.

Do ponto de vista esclarecido, portanto, a crítica é autocrítica, o exame é autoexame, a educação é autoeducação. Por fim, crítica é autonomia do pensamento, mas não autossuficiência da razão. A pergunta que guia o esclarecimento não é, assim, o «até quando?» da condição póstuma, mas o «até onde?» da crítica. Até onde podemos explorar a natureza sem nos perder nem a destruir? Até onde podemos nos questionar acerca dos princípios e fundamentos sem preconceitos? Até onde são válidos, e para quem, determinados valores morais? E certos deuses? Até onde queremos ser governados por certas leis e determinados soberanos? A crítica é uma arte dos limites que nos devolve a autonomia e a soberania.

A razão é autônoma mas não autossuficiente, porque o esclarecimento se atreve a assumir o caráter natural da condição humana. Em continuidade com a natureza e não além dela, a alma humana não pode aspirar a uma visão privilegiada, nem a uma inteligibilidade superior, nem a uma verdade eterna. Saber é trabalho, elaboração, ensaio-erro, uma elaboração contínua e inacabada do sentido e do valor da experiência humana. Nas raízes do esclarecimento, antes de sua captura idealista e positivista, há um reencontro com a condição corporal e carnal do ser humano. O materialismo antigo, o de Demócrito, Epicuro e Lucrécio, filtrado pelas leituras clandestinas de Spinoza, entra de novo em cena. Como argumentar que a matéria pensa, e quais são as consequências dessa afirmação? Essa é a pergunta que o esclarecimento radical nos deixa, por meio das discussões de autores como Diderot, o barão de Holbach, John Toland, Helvétius, Voltaire, Rousseau, Pierre Bayle, Hobbes, La Mettrie etc. Já não se trata do fato de o verbo ter se feito carne, mas de a carne produzir verbos e de os verbos terem consequências nas maneiras como vamos viver em nossa carne.

Assumir a condição natural e corporal do humano implica aceitar a parcialidade e a precariedade de nossas verdades, mas também a perfectibilidade do que somos e fazemos de nós mesmos. Saber já não é aceder às verdades eternas de Deus, mas melhorar nossa própria compreensão do mundo que nos rodeia e nossa relação com ele. Os esclarecidos não eram iludidos pelo progresso. Demasiadas vezes o desencanto posterior os pintou assim, abobados pela credulidade que precisamente combatiam. O esclarecimento radical não é ilusório, mas combativo. E seu compromisso, de Spinoza a Marx, incluindo Nietzsche, não é outro senão a melhora do gênero humano, contra todo aquele que, de maneira habitual, o oprime e degrada. Ao longo do século XVIII, a experiência direta da prosperidade material, sobretudo na Inglaterra industrial e colonial, alterará profundamente o sentido desta exigência moral, política e científica de «nos fazermos melhores» por meio do saber. Pouco a pouco, melhorar significará prosperar, e o progresso do gênero humano se identificará com o aumento da riqueza. Mas esse deslocamento do sentido da emancipação por parte da economia política é uma de suas grandes viradas que neutralizarão a radicalidade da aposta crítica do esclarecimento. A outra virá de forças mais internas, da própria esfera pública como cenário de uma nova forma de servidão: a servidão cultural.

Servidão cultural

Com a consolidação do Estado moderno e de suas formas de poder, a esfera pública se constitui como sistema da cultura. A dissolução do poder teocrático e da sociedade estamental faz da cultura o principal meio a partir do qual dar forma e sentido à vida coletiva, às suas relações de pertença e seus mecanismos de obediência. Diante dos vínculos por obrigação (religiosa, de linhagem e de vassalagem), o sistema da cultura é o encarregado de forjar o cidadão livremente obediente: deve articular, ao mesmo tempo, sua autonomia como sujeito e sua obediência como cidadão. No Estado moderno, o contrato é a forma do vínculo: contrato social e contrato laboral. E o contrato pressupõe, mesmo que seja formalmente, a livre adesão das partes. Como orientar a adesão livre? Por que com uns e não com outros? E até onde se estendem as exigências da implicação mútua? A cultura moderna mobiliza duas ideias: a identidade nacional e a prosperidade econômica, como principais argumentos da livre adesão. É a forma do que La Boétie já havia analisado no século XVI: a servidão voluntária, desdobrada agora como servidão cultural.

Hegel, o filósofo que reúne a ideia de formação (*Bildung*) da humanidade e sua culminação na forma Estado, explica muito bem como opera o sistema da cultura nessa tarefa de livre subordinação. Escreve em *Filosofia do direito*:

> A cultura é, portanto, em sua determinação absoluta a libertação e o trabalho de libertação superior [...]. Essa libertação é no sujeito o duro trabalho contra a mera subjetividade da conduta, contra a imediatidade do desejo, assim como contra a arbitrariedade do gosto. Que esse trabalho seja duro constitui parte do pouco favor que recebe.[1]

....

1   Optamos por manter a tradução da citação em espanhol no corpo do texto. Na edição brasileira: Hegel, G.W. *Princípios da*

O que a cultura faz, portanto, é libertar o cidadão dos particularismos para integrar o sujeito ao Estado. Livrá-lo da imediatidade para obrigá-lo à mediação. Emancipá-lo da arbitrariedade para despertá-lo para o ponto de vista da universalidade. Emancipação e sujeição, liberdade e obediência, encontram-se em uma existência sem fissuras. A autonomia se configurou como auto-obediência. Poucas décadas mais tarde, Freud, em *O mal estar na civilização*, analisará a dor dessa integração, repressiva e forçosa, e suas entranhas psíquicas e políticas.

Diante da servidão cultural, a crítica radical, e seu combate à credulidade e suas formas de opressão, converte-se em crítica da cultura. Isto é, em desmascaramento da cultura como sistema de sujeição po-

---

Filosofia do Direito. São Paulo: Martins Fontes, 2003. Trad. Orlando Vitorino. p. 172. «Na sua determinação absoluta, a cultura é, portanto, a liberação, o esforço de libertação superior [...]. Tal libertação é, no sujeito, o penoso esforço contra a subjetividade do comportamento, contra as exigências imediatas e também contra a vaidade subjetiva das impressões sensíveis e contra a arbitrariedade das preferências. Uma parte da hostilidade que sobre ela cai é provocada por esse esforço penoso que implica.» (N. T.)

lítica. Essa crítica não é a que se depreende do olhar de um juiz externo, imune, sem o autodiagnóstico do corpo e das mentes doloridas, submetidos pelo próprio projeto da cultura e sua responsabilidade política. Nietzsche desmascara na cultura da Europa de seu tempo os valores de uma moral ressentida e enferma. O romantismo desvela a alienação silenciada nos êxitos da modernização. Marx mostra como nesta se alojam e operam os interesses de classe da burguesia. O feminismo descobre a discriminação política, produtiva e reprodutiva que o discurso da emancipação universal encobre. Walter Benjamin assinala esse resto que as narrativas do progresso, inclusive as revolucionárias, estão deixando de lado. A teoria crítica de seus companheiros da Escola de Frankfurt denuncia a violência da indústria cultural e seus efeitos destrutivos. As diferentes escolas do pensamento pós-colonial demonstram a relação intrínseca entre colonialidade e modernidade.

E assim, até nossos dias, nos quais as instituições globais da cultura se converteram na sede permanente da crítica cultural. Especialmente, esse é o caso dos museus de arte contemporânea, mas também dos estudos culturais, das faculdades de filosofia e de ciências humanas e de parte importante do ensaio de pensamento contemporâneo. O problema é que, quando a cultura se reduz à crítica da cultura, sua autonomia permanece condenada à autorreferencialidade: a filosofia como crítica da filosofia, a arte como crítica da instituição arte, a literatura como crítica das formas literárias etc. Essa circularidade é parte de nossa experiência póstuma, já que se trata de um exercício da crítica que só pode se mover no espaço que resta entre o que já foi e a impossibilidade de ser outra coisa. Como um circuito fechado de águas, aparenta movimento mas não vai a parte alguma, e enquanto isso apodrece. É preciso sair desse círculo vicioso e situar a necessidade da crítica em suas raízes: a denúncia das relações entre o saber e o poder não tem interesse em si mesma, mas só adquire valor em seus efeitos de emancipação. Isto é, na medida em que nos devolve a capacidade de elaborar o sentido e o valor da experiência humana desde a afirmação de sua liberdade e de sua dignidade.

De fato, os primeiros esclarecidos já advertiram a respeito desse perigo. Longe de crer ingenuamente que a ciência e a educação redimiriam por si mesmas o gênero humano do obscurantismo e da opressão, o que propunham era a necessidade de examinar quais saberes e que educação contribuiriam para a emancipação, suspeitando de qualquer tentação salvadora. É preciso ler muitas vezes o *Discurso sobre as ciências e as artes,* de Rousseau, e *O sobrinho de Rameau,* de Diderot, entre outros textos, para não simplificar a envergadura do desafio esclarecido. Ambos, desde sua amizade inicial e desde a distância posterior, eram plenamente conscientes de que a cultura de seu tempo era o principal álibi de um sistema de poder hipócrita e adulador que reproduzia, deslocando-as, as relações de poder anteriores. Escreve Rousseau no *Discurso*: «As suspeitas, as desconfianças, os temores, a frieza, a reserva, o ódio, a traição serão ocultados incessantemente sob esse véu uniforme e pérfido da polidez, sob essa urbanidade tão louvada que devemos às luzes de nosso século». Mas não é só Rousseau o desenganado, o taciturno e pré-romântico.

Também Diderot, «o filósofo», mostra os limites do dogma esclarecido quando Rameau, o parente desgraçado do grande músico do momento, é desqualificado por seus senhores com as seguintes palavras: «Queres ter algum sentido comum, entendimento, razão como parece? Pois abandona! Disso já temos nós». A obra *O sobrinho de Rameau* retrata com essa atitude a posição de uma classe dirigente que começa a monopolizar e a instrumentalizar o acesso à cultura e ao conhecimento.

Ambos vislumbraram a servidão cultural que o esclarecimento começava a alimentar. Ambos denunciaram o simulacro e alertaram contra toda ingenuidade culturalista. Com a aposta esclarecida, nascia então sua própria crítica, com a confiança, a suspeita: essa é a atitude fundamentalmente esclarecida, em que a autocrítica não se confunde com a autorreferencialidade. Essa relação implacável entre a aposta emancipadora e a crítica de seus próprios perigos é a que precisamos atualizar hoje. Nosso problema é que se separaram: de um lado, a exploração do desencanto diante dos efeitos destruidores da modernização, e sua fraude no momento de construir sociedades mais justas e mais livres reforça cada vez mais a cruzada antiesclarecida. De outro, diante da catástrofe de nosso tempo, exigimos mais conhecimentos e mais educação e invocamos seu poder salvador. É como um mantra que se repete e que dificilmente se sustenta em algum argumento contrastável. O fato decisivo de nosso tempo é que, conjuntamente, sabemos muito e que, ao mesmo tempo, podemos muito pouco. Somos esclarecidos e analfabetos ao mesmo tempo.

Rousseau denunciava que o desenvolvimento cultural e o desenvolvimento moral haviam se descolado. Diderot mostrava as relações de dominação econômica que sustentavam o simulacro de moralidade e de sensibilidade estética da sociedade esclarecida. Nossa dissociação é ainda mais radical: sabemos tudo e não podemos nada. O simulacro já não faz falta. Nossa ciência e nossa impotência se dão as mãos sem enrubescer. Vivemos em tempos de analfabetismo esclarecido.

Analfabetismo esclarecido

Com o combate à credulidade apareceu um novo problema: não basta ter acesso ao conhecimento disponível de nosso tempo, o mais importante é que possamos nos relacionar com ele de maneira que contribua para nossa transformação e para a transformação, para melhor, de nosso mundo. Se potencialmente sabemos tudo, mas não podemos nada, para que serve esse conhecimento? Caímos na mesma inutilidade, redundância e desorientação que denunciava o esclarecimento. Credulidade sobreinformada. É preciso ir além, portanto, da luta pelo acesso livre ao conhecimento, que é condição necessária mas não suficiente para a emancipação.

Na realidade, o problema do acesso universal ao conhecimento é um problema moderno. Com o aumento da produção científica, artística e midiática, a pergunta sobre quem pode ter acesso a quê passa para o primeiro plano. Por outro lado, na antiga Grécia, assim como em muitas outras culturas, o problema principal não era o acesso ao conhecimento, mas à compreensão da verdade e de seus efeitos sobre a vida. Assim o constatam os fragmentos de Heráclito, os diálogos platônicos e os textos taoistas, como o Lao-Tsé e o Zhuangzi: para que nos serve saber isso ou aquilo se estamos longe de compreender seu sentido? O *logos,* a ideia, o Tao... Os nomes mudam para indicar o mesmo: que o conhecimento não é uma determinada informação ou discurso sobre algo, mas um modo de nos relacionarmos com o ser, com o ser do mundo que nos rodeia e com o próprio, se é que é possível separá-los. O problema do acesso, portanto, não é o da disponibilidade, mas o do caminho, de uma aproximação que implica um deslocamento. Quando no Ocidente o monoteísmo incorpora sua matriz religiosa ao substrato filosófico e científico grego, a ideia se mantém, mesmo que o caminho para a verdade implique a condição de que esta tenha sido revelada e que seja sustentada por meio da fé. Mas o fato segue sendo o mesmo: a relação com a verdade altera nossa posição e nosso modo de estar, com sentido, no mundo. É compreensão ou, em termo mais religioso, iluminação ou revelação.

Com a revolução científica, que entre os séculos XVI e XVIII na Europa é vivida como uma eclosão de produção de dados experimentais, técnicas e conhecimentos articulados a partir desses dados, o problema do acesso começa a ter o sentido que a ele damos atualmente: quem e quais instituições devem cuidar e deter o monopólio desses conhecimentos? Como comunicá-los e armazená-los? Quem deve ser seu público, receptor, interlocutor e beneficiado? Logo os manuais, os dicionários e as enciclopédias começaram a se converter em cobiçados *best-sellers,* as sociedades e as academias de ciência se emanciparam das instituições políticas e religiosas, que até então haviam custodiado o conhecimento, e a esfera pública começa a se nutrir, por meio de publicações impressas com tiragens cada vez maiores, do que já podemos começar a chamar de produção científica. É a partir de então que se propõem a questão pedagógica e a pergunta política sobre a universalização, dentro dos Estados europeus – e, em parte, em suas colônias –, da educação estatal ou pública. O acesso de todos à educação se converte então, até nossos dias, em um dos principais pontos de qualquer programa político de matriz emancipatória, guiado pelas noções de igualdade, liberdade e justiça.

Todavia, já nesse momento se detectou, por parte dos próprios entusiastas do movimento esclarecido, que a disponibilidade e a acessibilidade dos novos conhecimentos, produzidos cada vez mais em maior quantidade e com mais velocidade, não encerravam o problema, mas criavam outros. De forma concreta, no mesmo verbete «Crítica», da *Encyclopédie*, os enciclopedistas assinalam sua necessidade a partir de alguns problemas que parecem ser contemporâneos aos nossos. Concretamente: a velocidade, a arbitrariedade, a inutilidade e a impossibilidade de digerir, isto é, de compreender, o que se está produzindo.

> O desejo de conhecer muitas vezes acaba sendo estéril por um excesso de atividade. A verdade requer ser buscada, mas também é preciso que se a espere, que se vá à frente dela, mas nunca além dela. O crítico é o guia sábio que deve obrigar o viajante a deter-se quando o dia acaba, antes que se perca nas trevas.
> [...] Os descobrimentos precisam de um

> tempo de maturação, antes do qual as pesquisas parecem ser infrutíferas. Uma verdade espera, para eclodir, a reunião de seus elementos [...]. O crítico deveria observar com cuidado essa fermentação do espírito humano, essa digestão de nossos conhecimentos [...]. Assim, conseguiria impor silêncio àqueles que apenas engordam o volume da ciência sem aumentar seu tesouro. [...] Dessa forma, quanto espaço conseguiríamos liberar em nossas bibliotecas! Todos esses autores, que tagarelam sobre ciência em vez de raciocinar, seriam apartados da lista de livros úteis: assim, teríamos muito menos o que ler e muito mais para recolher.

Já naquele momento, em meados do século XVIII, temia-se a saturação das bibliotecas, a acumulação do conhecimento inútil e a impossibilidade de se relacionar adequadamente com o saber. Sem o exercício da crítica, o conhecimento tende a se tornar inútil porque, mesmo que tenhamos acesso a seus conteúdos, não sabemos como nem a partir de onde nos relacionar com eles. A crítica, como expõem no mesmo texto, desdobra-se em uma atividade múltipla que consiste em selecionar, contrastar, verificar, descartar, relacionar ou contextualizar, entre outras coisas. Não só constata, mas também valida, não só acumula, mas interroga sobre o sentido, de maneira dinâmica e contextualizada. Não estamos tão distantes dessa situação, mas as condições mudaram e se tornaram muito mais complexas.

Hoje temos poucas restrições de acesso ao conhecimento, mas muitos mecanismos de neutralização da crítica. Dentre muitos outros, podemos destacar quatro: a saturação da atenção, a segmentação de públicos, a estandardização das linguagens e a hegemonia do solucionismo.

Neutralizações da crítica

Os enciclopedistas já se referiam aos tempos lentos da verdade e à dificuldade de digerir os conhecimentos disponíveis. Se eles tivessem imaginado, por um momento, o alcance do problema dois séculos e meio depois, certamente teriam sucumbido, numa indigestão incurável. Tanto em velocidade quanto em quantidade, o salto foi exponencial. Hoje, temos estatísticas sobre edição, produção científica e estabelecimento de dados da atividade coletiva que se aproximam, em magnitude, à ficção científica. Em relação a esse fenômeno, há duas noções que nos últimos anos ganharam relevância: a economia da atenção e a interpassividade.

O primeiro termo, cunhado pelo economista Michael Goldhaber, remete ao fato de que, quando o volume de informação com o qual nos relacionamos aumenta muito, o problema já não é só a necessidade de selecionar a informação, mas também a impossibilidade de prestar atenção em toda essa informação. Como podemos selecionar se não podemos atender a tudo o que nos rodeia? Como discernir criticamente se não podemos processar (digerir) tudo? É óbvio que o aumento exponencial de informação e de conhecimento faz com que uma grande parte desse saber permaneça sem atenção e que, portanto, seja a atenção e não a informação aquilo que se converte em um bem escasso e valioso.

Essa é a conclusão em termos de economia da atenção, mas junto com ela precisamos desenvolver uma psicologia e uma política da atenção. A primeira tem a ver com as patologias que a mesma saturação da atenção produz: ansiedade, desorientação, depressão. A segunda, com as consequências e os desafios políticos que essa mesma atenção saturada gera. Basicamente, impotência e dependência. Não podemos formar opinião sobre tudo o que acontece ao nosso redor. O dobro de limite da atenção, da recepção de dados e informações e sua elaboração em forma de opinião e de saber tem como consequência a paralisia diante de um cenário transbordante. Uma subjetividade transbordada é a que hoje se submete com mais facilidade à adesão acrítica a opiniões, ideologias ou juízos de outros. Uma vez que não podemos formar uma opinião sobre tudo o que nos rodeia, seguimos aquelas que outros nos oferecem já formatadas e nos fiamos nelas, sem ter a capacidade de submetê-las à crítica. Não é esse o mecanismo do que Kant chamava a heteronomia? A diferença é que em outros tempos a heteronomia se baseava na ignorância como ausência de conhecimentos, como não acesso ao saber, enquanto hoje funciona em sua acessibilidade transbordante e, portanto, inoperante.

Cada época e cada sociedade têm suas formas de ignorância. Destas se depreendem suas correlativas formas de credulidade. A nossa é uma ignorância afogada em conhecimentos que não podem ser digeridos nem elaborados. Uma de suas figuras mais extremas é a que foi chamada de «interpassividade» ou «subjetividade interpassiva». O termo, cunhado pelo filósofo vienense Robert Pfaller, foi retomado em mais de uma ocasião, também pela crítica cultural de Slavoj Žižek. A interpassividade é uma forma de atividade delegada que oculta a própria passividade; de modo mais concreto, em tudo o que não fazemos, deixando que seja outro, e normalmente uma máquina, que o faça por nós: desde as fotocópias que, por tê-las feito, jamais iremos ler, como dizia Umberto Eco em relação aos acadêmicos, até as canções e filmes que, por tê-los baixado, não escutaremos e nunca veremos. A máquina o fez por nós. É uma relação sem relação que movimenta informação mas que, obviamente, não gera experiência, compreensão ou deslocamento algum.

Tempos atrás já se alertava também para os perigos da especialização. O desenvolvimento das ciências e das técnicas na modernidade produziu uma progressiva dificuldade e autonomização das diversas disciplinas entre si e em relação ao tronco comum da filosofia. Isso teve como consequência a aparição de um novo tipo de ignorância que hoje afeta todos, inevitavelmente: a de saber apenas sobre uma disciplina e ignorar radicalmente as noções mais fundamentais do resto. Essa tendência teve um amortecedor até a primeira metade do século XX na ideia de cultura geral, que servia de recipiente e caixa de ressonância das experiências oferecidas pelas distintas especialidades científicas, artísticas e humanísticas, mesmo que tenha sido de forma muito simplificadora. Atualmente, inclusive, essa noção se tornou impraticável.

A pergunta que se coloca então é: tornamo-nos todos especialistas e só especialistas? A resposta é que também não é assim. A verdadeira especialização, cada vez mais complexa e exigente, permanece nas mãos de muito poucos, enquanto o que se produz, em geral, é uma segmentação de saberes e de públicos.

Isso ocorre tanto no mercado como na academia. Conhecimentos e produtos tecnológicos e culturais nos são oferecidos de acordo com segmentos: segmentos de idade, de renda, de proveniência etc.

O segmento não é um fragmento. Nos debates acerca da pós-modernidade se discutiu muito sobre o valor do fragmento no fim das grandes narrativas. O fragmento era ambivalente: ruinoso e livre, ao mesmo tempo. Algo fraturado e algo liberado que abre um campo de incertezas e a possibilidade de novas relações. O segmento, ao contrário, é uma elaboração que categoriza, pauta e organiza a recepção dos saberes. Organiza a distância para geri-la de modo previsível e identificável.

A segmentação do saber e de seus públicos tem a ver, isso sim, com uma estandardização da produção cognitiva. O que parece distante em relação aos conteúdos se assemelha no que diz respeito aos procedimentos. A transversalidade já não conecta experiências, mas modos de funcionar. Não importa do que se trata, a questão é que tudo funciona da mesma forma. Três exemplos: a atividade acadêmica, o mundo da moda ou o aparato midiático da opinião. Nos três casos vemos uma situação similar: a justaposição de conteúdos que funcionam sob os mesmos parâmetros e protocolos. No caso da academia, em ciências que não se comunicam entre si, o ensino e a pesquisa se dão com os mesmos parâmetros temporais, com os mesmos dispositivos institucionais e segundo os mesmos critérios de valoração. Na universidade nem mesmo compreendemos sobre o que falam nossos vizinhos de departamento, mas o que está garantido é que todos, em todas as universidades do mundo, sabemos funcionar da mesma maneira.

O mesmo ocorre com a moda: os mesmos calendários, temporadas, aceleração das mudanças e personalização das tendências que todavia fazem com que todos se movam em uníssono, pelas mesmas ruas das mesmas cidades, segundo a mesma intensidade das propagandas e segundo a idêntica necessidade de mudar incessantemente de aspecto para que nada mude. No âmbito da opinião, que hoje domina minuto a minuto o sentido comum do conjunto da população por meio das mídias, vemos essa mesma estandardização do pensável levada ao paroxismo; as opiniões se oferecem uma ao lado da outra, com mais ou menos encenação do conflito de acordo com o público, mas sempre com o mesmo pressuposto de fundo: que o fato de haver uma opinião neutraliza a exigência de ter de ir um passo além para que ela possa ser colocada em questão. Todas as opiniões valem o mesmo porque são isto: opiniões. Estandardizadas como tais, perdem toda força de interpelação e de questionamento. Expressam-se uma ao lado da outra, mas perdem toda possibilidade real de comunicação entre si. A segmentação e a estandardização são dois processos que, paradoxalmente, avançam de mãos dadas e têm como consequência uma gestão ordenada e previsível da incomunicação entre saberes e de sua inutilidade recíproca.

A inteligência delegada

Essa ideia de gestão do conhecimento e de seus resultados é a que alimenta a ideologia solucionista, que atualmente está se tornando hegemônica. Tal como a define, entre outros, Evgeny Morozov, o solucionismo é a ideologia que legitima e sanciona as aspirações de abordar qualquer situação social complexa a partir de problemas de definição clara e soluções definitivas. Nascido no âmbito do urbanismo e desenvolvido ideologicamente no Vale do Silício, o termo solucionismo tem sua própria utopia: transportar a humanidade para um mundo sem problemas. Nesse mundo sem problemas, os humanos poderão ser estúpidos porque o próprio mundo será inteligente: seus objetos e seus dispositivos, os dados que o constituirão e as operações que o organizarão. Na utopia solucionista, não se trata mais de aumentar a potência produtiva para ampliar as capacidades humanas, mas de delegar a própria inteligência, em um gesto de pessimismo antropológico sem precedentes. Que elas, as máquinas, decidam, já que nós, humanos, não só fomos diminuídos, como afirmava Günther Anders, mas também sempre acabamos provocando problemas. A inteligência artificial, assim entendida, é uma inteligência delegada. O preocupante não é que seja uma máquina, uma bactéria, uma partícula ou um dispositivo qualquer a exercê-la. O preocupante é que ela é aproblemática e, portanto, irreflexiva. Pode aprender e corrigir a si mesma acumulando dados. Autoeducação significa agora autocorreção. Mas ela não pode examinar a si mesma nem se submeter a um juízo equitativo. Porque é aproblemática, é acrítica. Humanos estúpidos em um mundo inteligente: é a utopia perfeita.

A credulidade de nosso tempo nos entrega a um dogma de dupla face: ou o apocalipse ou o solucionismo. Ou a irreversibilidade da destruição, inclusive da extinção, ou a inquestionabilidade de soluções técnicas que nunca estão em nossas mãos. Se ficamos sem futuro é porque a relação com o que pode acontecer se desconectou por completo do que podemos fazer. Por isso, pouco importa saber. Podemos saber tudo, como dizíamos, mas não poderemos fazer nada com isso. Inclusive a pedagogia atual e seus discursos e projetos renovadores predicam essa desconexão: é preciso preparar-se para um futuro sobre o qual nada sabemos. Não há uma afirmação mais despótica e aterrorizante do que essa. Não é uma abertura à incerteza e à criatividade, mas uma desvinculação entre a ação e as aprendizagens presentes em relação a suas consequências futuras. Desresponsabilização e despolitização como condições para a delegação da inteligência. Ruptura do nexo ético da ação. As formas de opressão que correspondem a essa credulidade são muito diversas: de novas formas de desigualdade material e cultural extremas a fenômenos de degradação da vida em todos os seus aspectos, físicos e mentais. Degradação dos empobrecidos e degradação de algumas elites que nem sequer sabem que dirigem o mundo que as enriquece a toda a velocidade. Com toda a sua diversidade de formas, todas as formas de opressão de nosso tempo passam pela aceitação de um «não sabemos pensar o que está acontecendo e tampouco sabemos como intervir nisso».

Diante dessa desativação da subjetividade crítica, o novo esclarecimento radical tem como principal desafio voltar a colocar no centro de qualquer debate o estatuto do humano e seu lugar no mundo e na relação com as existências não humanas. Não se trata de prolongar o projeto inconcluso da modernidade, como propunha Habermas nos anos oitenta. Porque não é uma tarefa do passado, mas uma guerra que está acontecendo contra nosso futuro. Afirmavam com pesar Adorno e Horkheimer, em 1947, que o matrimônio entre o homem e a natureza era uma história que, com o esclarecimento, havia terminado mal. E tinham razão se a única história possível desse matrimônio é a que escreveu a modernização capitalista, eurocêntrica e antropocêntrica. Na atual era global, o encontro entre o homem e a natureza já não é um matrimônio patriarcal, com todos os seus perigos e suas estruturas de dominação, mas algo bastante incerto. O que resta a ser resolvido parece ser, somente, quem destruirá quem. Diante disso, a utopia da inteligência delegada se prepara para uma nova concepção da sobrevivência, nem natural nem humana, mas pós-humana, pós-natural ou, simplesmente, póstuma.

Entretanto, há uma questão que nenhuma forma de dogmatismo solucionista jamais poderá chegar a resolver. É a pergunta que La Boétie, no século XVI, considerava a raiz de toda insubordinação à servidão voluntária: isso é viver? É uma pergunta, como ele escrevia, que está ao alcance de qualquer contexto de vida. Não apela a uma objetividade calculável, mas a uma dignidade que sempre pode ser colocada em questão. Em suma, é uma pergunta que é possível compartilhar mas não delegar, porque o que expressa é que a vida consiste em elaborar o sentido e as condições do *vivível*. Retomar essa pergunta hoje e lançá-la contra as credulidades e servidões de nosso tempo é afirmar que o tempo da humanidade pode chegar ao esgotamento, mas que o humano é precisamente aquilo que não está acabado. Reapropriar-se desse inacabamento é nos reapropriarmos de nossa condição e de nossa inteligência reflexiva, sem romper com o contínuo das inteligências não humanas e sem submetê-las a nosso ditado. As humanidades, segundo essa proposição, não são um conjunto de disciplinas em extinção, mas um campo de batalha no qual se dirimem o sentido e o valor da experiência humana. Não é preciso defendê-las, mas é preciso entrar com força naquilo que por meio delas se está colocando em jogo. Diante das humanidades em extinção, as humanidades em transição.

3. HUMANIDADES EM TRANSIÇÃO

Tomo emprestada a expressão «em transição» do movimento ecologista Transition Towns, que, a partir da crise ambiental, propõe medidas e opções de vida concretas que impulsionam uma mudança de paradigma em nossas cidades. Com a ideia de «em transição», a constatação da crise se vincula diretamente à possibilidade da crítica e ao presente em transformação. Falar de transição pode edulcorar a realidade e fazer ver o que não existe, mas o que é relevante é a mudança do ponto de vista. Isto é, em vez de indagar sobre o que estamos perdendo e o que temos de preservar, ou com quais modelos futuros teríamos de sonhar, o foco é colocado no que está acontecendo e no que estamos fazendo. Portanto, também no que podemos fazer aqui e agora.

Por humanidades já não podemos nos referir unicamente às disciplinas teóricas «de letras», mas a todas as atividades (ciências, artes, ofícios, técnicas, práticas criativas...) com as quais elaboramos o sentido da experiência humana e afirmamos sua dignidade e sua liberdade. Já não é a divisão entre ciências e letras, teoria e prática, saber acadêmico e saber informal o que nos orienta. Precisamos compreender o que fazemos a partir de problemas comuns que atravessam linguagens, práticas e capacidades diversas.

Como no caso do ecologismo, os debates em torno da chamada crise das humanidades ficaram presos na estreita margem entre dois polos: de um lado, o lamento e os alarmes sobre o que se está perdendo, o chamado à defesa e à preservação (de um legado, de tradições, de hábitos, inclusive de suas supostas virtudes éticas e políticas). De outro, os desenhos de futuro, muitas vezes vinculados ao utopismo tecnológico e à salvação cognitiva da humanidade graças à conexão de todos os nossos saberes no hipertexto global. Tanto um enfoque quanto o outro, o defensivo-nostálgico e o tecnoutópico, distanciam-nos da realidade presente e de nossos desafios e compromissos. Para nos aproximarmos dela, proponho uma reflexão mediante cinco hipóteses.

Hipótese 1. O que percebemos como desinteresse é, na realidade, a desinstitucionalização das atividades humanísticas por parte do projeto cognitivo do capitalismo atual.

Há uma tendência, entre os humanistas nostálgicos, a alertar sobre e lamentar o desinteresse do mercado e das pessoas em geral pelas humanidades e por tudo o que não tem uma utilidade ou uma renda imediata. Como ponto de partida, é preciso dizer duas coisas a respeito: a primeira é que muita gente não perdeu o interesse por entender sua experiência, pessoal e coletiva, e dar sentido a ela. A segunda é que o capitalismo atual tampouco abandonou o interesse pelo conhecimento, pela educação e pela cultura. Muito pelo contrário: colocou-as no centro de um projeto epistemológico e educativo muito claro e com objetivos bem determinados.

O projeto epistemológico do capitalismo atual tem a ver com o que há alguns anos se denomina a «quarta revolução científica e industrial» e que ultrapassa a digitalização na sociedade do conhecimento e de informação. Seja real ou apenas um efeito ideológico de um deslocamento tecnológico, o relevante é que estamos entrando em um paradigma de inovação que vai além do que implicava a digitalização na sociedade do conhecimento e da informação. A meu ver, o mais importante da quarta revolução é que tem como objetivo o desenvolvimento da inteligência além e aquém de uma consciência humana (internet das coisas, fabricação inteligente, desenho genético, big data), colocando em continuidade o mundo biológico, físico e digital. Portanto, não estamos diante da mera mercantilização do conhecimento, mas em face da priorização de um determinado tipo de capacidades e de inteligências, que incluem de modo muito direto, também, as inteligências múltiplas e emocionais. É uma revolução que já não depende de uma só linguagem científica, mas que mobiliza todos os saberes de que dispomos para um só fim: fazer da inteligência como tal, além e aquém do ser humano, uma força produtiva. Estamos falando de uma inteligência mais ou menos humana. Como fica então a inteligência enquanto potência reflexiva e autônoma?

O projeto educativo que o capitalismo atual está desenvolvendo se situa nesse marco epistemológico. A escola do futuro já começou a se construir e não são os Estados ou as comunidades que a estão pensando, mas as grandes empresas de comunicação e os bancos. Ela não tem muros nem cercas, mas plataformas on-line e professores 24 horas. Não irá fazer falta o fato de ser excludente, porque será individualizadora de talentos e de trajetos vitais de aprendizagem. Praticará a universalidade sem igualdade: uma ideia que temos de começar a pensar porque será, se já não o é, a condição educativa de nosso tempo.

No marco desse projeto epistemológico e educacional global, a desinstitucionalização das humanidades tem muitas faces. As mais significativas são as seguintes: em primeiro lugar, a reorientação do sistema público, que com base no projeto cultural e político do Estado-nação passa a ser concebido como um elemento promotor do mercado competitivo de talentos, competências e patentes. Com isso, as políticas culturais se despolitizam e os departamentos e conselhos passam para as mãos de promotores, consultores, grupos empresariais, fundações, *think tanks*..., que são aqueles que passam o roteiro para as administrações.

Em segundo lugar, tem-se uma progressiva desvinculação da força de trabalho por meio da precarização: as novas condições laborais no setor educacional, acadêmico e cultural têm como consequência o fato de que ninguém «pertença» às instituições, empresas ou projetos para os quais trabalha e nem tenha um processo de coparticipação sustentável entre companheiros de trabalho. Ademais, a dualização econômica combina cada vez melhor oligarquias e precarização. Por exemplo: pesquisadores com *contratos estrela*,[1] junto com amplas infantarias de professores associados nas universidades; jornalistas com cachês altíssimos que trabalham com equipes de estagiários etc. Nos extremos desses fenômenos, encontramos também a desmonetarização direta das atividades que «sobram» ou que não se adaptam às condições

---

[1] Contratos com salários altos para pesquisadores com amplo reconhecimento no meio acadêmico. (N. T.)

que impõe o novo regime epistemológico e cultural. São atividades que acabam sendo executadas sem que, para tanto, haja cobrança, não porque assim se deseja, mas porque é a condição para que se realizem.

Ao mesmo tempo, também são parte da desinstitucionalização das humanidades as deserções ativas e os transbordamentos estruturais que esse processo está provocando: bons estudantes que deixam a universidade ou a carreira acadêmica porque nela não encontram sentido; pesquisadores que abandonam suas pesquisas porque não suportam as humilhações laborais, afetivas e humanas que estas comportam; artistas que fogem do mercado dos projetos e editais e que compartilham suas criações em outros canais; professores que optam por projetos educacionais alternativos... As deserções e os transbordamentos estão gerando novas formas de auto-organização e de financiamento, mas também potencializam a tendência à segmentação, à desagregação, à conformação de micromundos e à autorreferência, já que cada um permanece circunscrito a pequenas comunidades cada vez mais identitárias.

A pergunta é: essa tendência à desinstitucionalização é favorável ou desfavorável? O que ela limita e o que permite? Temos de aspirar por novas formas de institucionalidade ou recuperar as instituições tradicionais sob outras lógicas? Do que nos livra a disseminação da intelectualidade e a que nos condena sua precarização? Nesse terreno ambivalente da desinstitucionalização, que fragmenta, expulsa e ao mesmo tempo potencializa processos críticos e criativos, o que se constata, entre outras coisas, é a crescente desvinculação das atividades humanísticas em relação a um projeto coletivo de emancipação, capaz de dar uma resposta suficiente ao projeto do capitalismo cognitivo. Daí a necessidade da segunda hipótese.

Hipótese 2. Neste momento, sabemos mais acerca da relação do saber com o poder do que da relação do saber com a emancipação.

Se as humanidades têm a ver com a capacidade de dar forma e sentido, livremente, à experiência humana e à sua dignidade, temos de entender que sua crise está diretamente relacionada com a distância que se abriu entre o que sabemos acerca do mundo e de nós mesmos e nossa capacidade de transformar nossas condições de vida. Constatamos historicamente que saber mais, ter mais educação, mais informação etc. não nos faz mais livres nem eticamente melhores, tampouco contribuiu para forjar sociedades mais emancipadas. Daí a profunda desproporção que nos assalta e que faz de nós analfabetos esclarecidos.

Foucault, seguindo o caminho crítico aberto, entre outros, por Nietzsche, nos ensinou a ver que por trás da premissa iluminista da emancipação pela ciência e pela educação se articulavam novas relações de poder. Poder sobre os corpos, sobre os códigos da linguagem, sobre os hábitos e os comportamentos, sobre as estruturas institucionais, sobre os projetos nacionais... Toda forma de saber implica relações de poder. Para nós, essa ideia se converteu em uma premissa inquestionável, quase uma obviedade. A partir dela podemos então analisar, e assim com frequência o fazemos, as relações de poder que estão inscritas nos conhecimentos de nosso tempo. Temos ferramentas muito sofisticadas para a crítica e para examinar os efeitos de domínio do conhecimento, suas aplicações e sua transmissão.

Todavia, ao mesmo tempo, quando defendemos as virtudes éticas e políticas do conhecimento e da educação, sua necessidade para a democracia e para a justiça, com frequência caímos em argumentos demasiado banais, nos quais nem mesmo os esclarecidos do século XVIII acreditavam, sem suspeitar de suas sombras e perversidades. Como vimos antes, os iluministas já desconfiavam da cultura se esta não caminhava em conjunto com a crítica e a autocrítica.

Diz a protagonista do filme *Una giornata particolare* [*Um dia muito especial*] (Ettore Scola): «a uma mulher inculta se pode fazer qualquer coisa». O que devemos nos perguntar hoje é como e por que a tanta gente culta se pode fazer qualquer coisa. E por que sociedades tão supostamente cultas seguem cometendo tantas atrocidades. São perguntas que já eram feitas pela teoria crítica em pleno século XX, quando o fracasso da cultura foi proclamado: não só a Europa ilustrada não soube evitar o fascismo e a guerra, mas o pensamento crítico e revolucionário (anarquismo, socialismo, comunismo...) tampouco conduziu, na prática, a sociedades mais emancipadas.

Nosso principal problema é, então, redefinir os sentidos da emancipação e sua relação com os saberes de nosso tempo. Quais saberes e quais práticas culturais necessitamos elaborar, desenvolver e compartilhar para trabalharmos por uma sociedade melhor no conjunto do planeta? Parece uma pergunta ingênua, mas quando as humanidades perdem o vínculo com essa questão se convertem em meros conhecimentos de textos sobre textos e morrem. Redefinir os sentidos da emancipação: é nisso que devem consistir as atividades humanísticas se quiserem ser algo mais do que um conjunto de disciplinas em desuso.

Hipótese 3. A tradição humanista ocidental deve abandonar o universalismo expansivo e aprender a pensar a partir de um universal recíproco.

O humanismo é um imperialismo. Um imperialismo eurocêntrico e patriarcal. O humanismo, como concepção do homem que está abaixo das ciências humanas e das instituições políticas da modernidade, baseia-se na concepção que tem de si mesmo o homem masculino, branco, burguês e europeu, e se impõe como hegemônica sobre qualquer outra concepção do humano, dentro e fora da Europa.

Essa tese parece muito aceita no âmbito do pensamento crítico acadêmico, sobretudo nos países vinculados a um passado colonial. Dispomos de uma gama muito rica e imprescindível de críticas ao humanismo do ponto de vista de gênero, raça, cultura, política, relações econômicas etc., que deixou descoberta essa condição imperialista e patriarcal do humanismo: do anti-humanismo filosófico do século XX (Heidegger, Foucault, pós-estruturalismo...) ao pós-humanismo em suas diferentes faces; dos estudos pós-coloniais e decoloniais ao pensamento de gênero em suas diversas vertentes e posições.

Todavia, ao mesmo tempo, temos levado a crítica das disciplinas e a ideologia humanista a tal ponto que durante anos as artes e as ciências humanas têm tido a tendência de reduzirem-se à crítica de si mesmas e de seus pressupostos e efeitos de dominação. Como consequência, isso fez com que os estudos humanísticos fossem adotando ou uma atitude defensiva ou uma atitude de constrição e de arrependimento. Ambas são pouco interessantes e, no fundo, paradoxalmente fechadas e autorreferentes.

A pergunta que nos cabe fazer hoje tem de nos levar para além da crítica e da negação: se o humanismo é um imperialismo, pode deixar de sê-lo? E o que quer dizer deixar de sê-lo? Ou só nos resta nos desfazer completamente dele, como já começaram a fazer o tecnocapitalismo e sua quarta revolução industrial?

É interessante ver como filósofas feministas, muito pouco suspeitas de universalismo eurocêntrico, como Judith Butler ou Rosi Braidotti, estão resgatando a possibilidade de reivindicar, apesar de tudo, certo legado do humanismo. Não se trata de uma reivindicação nostálgica e essencialista, mas justamente o contrário. Elas abrem a possibilidade de uma aposta bastarda para não abandonarmos nossas vidas a uma gestão capitalista da inteligência, dos vínculos e das emoções, para não nos deixarmos converter em um ativo físico-psíquico do necrocapitalismo atual.

Creio que ambas apontam a necessidade de que a crítica ao humanismo histórico e a seus modelos universais não apague em nós a capacidade de nos vincularmos ao fundo comum da experiência humana. Para mim, o fundo comum da experiência humana não remete a um modelo, não é o Homem Vitruviano ou qualquer outra abstração; tampouco o corpus cultural dos *dead white men*. É a capacidade que temos de compartilhar as experiências fundamentais da vida, como a morte, o amor, o compromisso, o medo, o sentido da dignidade e a justiça, o cuidado etc. Que caminhos temos para explorar essas proximidades e elaborar o sentido da experiência humana sem projetar um modelo sobre outro? Mais do que serem negados, o humanismo e o legado cultural europeu em seu conjunto precisam ser colocados em seu lugar: um lugar, entre outros, no destino comum da humanidade. Não se trata de seguir na ideia de uma justaposição de culturas que o modelo multicultural já esgotou, como forma de neutralizar a diversidade e suas tensões e reciprocidades. Antes, trata-se de ocupar um lugar receptivo e de escuta, incluindo não só a alteridade cultural, mas também a tensão e o antagonismo entre formas de vida, dentro e fora da Europa. Isso implica não só criticar, mas também deixar para trás tanto o universalismo expansivo como o particularismo defensivo, para aprender a elaborar universais recíprocos. Ou, como dizia Merleau-Ponty, universais oblíquos, isto é, aqueles que não caem do alto, mas se constroem por relações de lateralidade, de horizontalidade.

Hipótese 4. No destino comum da humanidade, o fato epistemológico mais relevante de nosso presente é o redescobrimento da continuidade natureza-cultura.

A cultura contemporânea, em muitas de suas expressões, voltou a colocar no centro a condição natural do ser humano como espécie e do sujeito como sujeito encarnado. Esse fato, que em outras culturas não havia sido colocado em questão, agora não é só reinterpretado pela cultura contemporânea crítica, mas também o capitalismo cognitivo que descrevemos no início o está entendendo e explorando. Diante disso, a questão é: somos capazes de propor e articular outros sentidos desse reencontro natureza-cultura que não se submetam às pautas de sua exploração por parte do capitalismo atual? Essa pergunta situa, a meu ver, o ponto de partida de onde as humanidades podem começar a redefinir, hoje, os sentidos da emancipação.

Como explicou Klaus Schwab, um dos instigadores da quarta revolução científica e industrial, na apresentação do Fórum de Davos de 2016 (Mastering the Fourth Industrial Revolution), o desafio hoje é desenvolver um leque de novas tecnologias que possam fundir os mundos físico, digital e biológico de tal modo que impliquem todas as disciplinas, economias e indústrias. Diz Schwab, em algumas de suas declarações públicas, que esse horizonte desafia, inclusive, as ideias acerca do que significa ser humano. Nesse desafio se abrem muitas interrogações, e estas não são as mesmas para todos. Do ponto de vista do capital, a pergunta é seletiva: quem estará em condições de pegar a onda dessa quarta revolução? Que países, que instituições, que empresas e que pessoas, individualmente selecionadas segundo seus talentos? E quais serão excluídos e reduzidos a força bruta ou a excedente humano?

De um ponto de vista ético e político, por sua vez, o que está em jogo é o próprio sentido da dignidade e da liberdade humanas em sua condição de universais recíprocos a serem elaborados de forma compartilhada. Podermos perguntar sobre nossa dignidade de modo aberto e não predeterminado era o que para o humanista Pico della Mirandola, em seu *Discurso sobre a dignidade do homem,* nos fazia humanos. A *dignitas* não era um mero atributo, mas a própria possibilidade de podermos propor qual é o estatuto da experiência humana do ponto de vista da melhora de sua condição.

A partir disso, o reencontro entre a natureza e a cultura, entre o dado e o construído, ou entre a humanidade como espécie e como ideia não tem, portanto, um sentido único nem um só plano de execução. É justamente o contrário. Que as humanidades estejam hoje em transição significa que o sentido do humano está em disputa. Não é uma querela ociosa e gratuita. Nela se joga o interesse de todos contra os interesses do capitalismo atual. Não se trata, portanto, de uma batalha do *non-profit* contra o benefício, como sustenta a defesa que faz Martha Nussbaum das humanidades. Nem do inútil contra o utilitarismo, como argumenta Nuccio Ordine em seu famoso ensaio sobre essa questão. Estas ainda são visões idealistas, próprias de uma burguesia que podia separar o que alimentava o estômago do que alimentava o espírito. Atualmente, a precarização da cultura, das humanidades e da academia não pode nem quer fazer essa separação. Ainda menos os milhões de vidas que hoje já estão chegando aos limites do *invivível*. Jogamos o estômago, a consciência e a dignidade do destino comum da humanidade nesse tempo que resta. O nosso, hoje, é um combate do necessário contra o que nos é apresentado como imperativo.

Hipótese 5. Perdemos o futuro, mas não podemos seguir perdendo o tempo.

Um dos elementos fundamentais dessa crise do sentido das humanidades é a perda do futuro, isto é, do horizonte do progresso e da melhora da condição humana ao longo da história. As humanidades modernas conjugavam seu sentido no futuro. Como podem fazer isso hoje, na condição póstuma, quando a linearidade do tempo nos traz ao não futuro?

As ciências humanas ou do espírito, quando tomaram forma como o âmbito de elaboração do sentido da experiência humana nos séculos XVIII e XIX, por meio do pensamento e das propostas educativas de autores como Kant, Dilthey e Hegel, fizeram da história seu cenário e, portanto, do tempo histórico seu vetor. Kant foi o grande arquiteto dessa narrativa quando disse, em «O que é o esclarecimento?», que já não estamos em tempos esclarecidos, mas em tempos de esclarecimento. Isto é, que a emancipação por meio da autonomia do saber (ousar saber) não é uma condição estática, mas uma condição dinâmica: um caminho de progresso. Dito de outro modo: um caminho, sempre inacabado, de melhora moral. Mais tarde, Marx fez desse dinamismo uma exigência revolucionária, e, da história, a partitura antagônica e contraditória da autoeducação do gênero humano. Por outro lado, todavia, o liberalismo traduziu esse progresso moral em termos de dinamismo no crescimento econômico e na promoção social dos indivíduos. O progresso se convertia, assim, em prosperidade. Hoje a prosperidade, já insustentável, é nossa ameaça.

A crítica à modernidade e à servidão cultural declarou inválido o relato linear de melhora do gênero humano, assim como de seus conceitos associados: progresso, sentido histórico, revolução. A crítica pós-moderna abriu a possibilidade de outra experiência da mudança que, por não estar submetida à linearidade de uma só visão da história, se abria também a outras experiências culturais, a outras temporalidades e a elaborações mais livres do sentido. Aprender talvez já não prometesse um futuro melhor, mas sim uma maior margem de experimentação e de criação de possibilidades de vida, diferentes e irredutíveis.

Com a mudança de século e de milênio, com a crise econômica, ambiental e civilizatória, já não só se coloca em questão a versão liberal do relato moderno, baseada na prosperidade indefinida, mas também as possibilidades abertas pela crítica pós-moderna são ocupadas pela destruição e pelo medo. Da condição pós-moderna passamos à condição póstuma, como analisamos antes. Esta é a que vem depois do depois, e se caracteriza pela impossibilidade de intervir com eficácia nas condições do tempo *vivível* (do tempo humano, que é o tempo da história). O que resta, então, já não é um tempo que soma, mas um tempo que resta, um tempo que não abre, mas que fecha possibilidades e formas de vida.

Sem futuro, isto é, sem horizonte de progresso e de melhora, o que o legado e as ferramentas culturais, as do humanismo europeu, que partiam dessas premissas e que as viram fracassar, podem trazer? As humanidades, na atual disputa pelo sentido do humano, não podem viver de um repetido retorno ao futuro, isto é, de uma atitude nostálgico-defensiva baseada no prolongamento e na restauração de um sentido da história que não só é anacrônico, mas do qual já desvelamos a obscura face, eurocêntrica e depredatória dos meios culturais e naturais.

Na atual disputa pelo humano, mais do que uma «volta ao futuro», como no famoso filme dos anos oitenta, precisamos elaborar o sentido da temporalidade: mais do que promessas e horizontes utópicos, relações significativas entre o vivido e o *vivível*, entre o que passou, o que se perdeu e o que está por ser feito. Mais do que nos devolver o futuro, as atividades humanísticas, em todas as suas expressões, são o lugar desde onde nos apropriar do tempo *vivível* e de suas condições compartilhadas, recíprocas e igualitárias, tanto no que diz respeito à singularidade de cada forma de vida como, também inseparavelmente, em escala planetária. Contra o dogma apocalíptico e sua monocronia messiânica e solucionista (condenação ou salvação), o sentido de aprender é trabalhar em uma aliança de saberes que conjuguem a incredulidade e a confiança. Imagino o novo esclarecimento radical como uma tarefa de tecelãs insubmissas, incrédulas e confiantes ao mesmo tempo. Não acreditamos, somos capazes de dizer, enquanto a partir de muitos outros lugares refazemos os fios do tempo e do mundo com ferramentas afiadas e inesgotáveis.

BIBLIOTECA ANTAGONISTA

1. ISAIAH BERLIN | **Uma mensagem para o século XXI**
2. JOSEPH BRODSKY | **Sobre o exílio**
3. E. M. CIORAN | **Sobre a França**
4. JONATHAN SWIFT | **Instruções para os criados**
5. PAUL VALÉRY | **Maus pensamentos & outros**
6. DANIELE GIGLIOLI | **Crítica da vítima**
7. GERTRUDE STEIN | **Picasso**
8. MICHAEL OAKESHOTT | **Conservadorismo**
9. SIMONE WEIL | **Pela supressão dos partidos políticos**
10. ROBERT MUSIL | **Sobre a estupidez**
11. ALFONSO BERARDINELLI | **Direita e esquerda na literatura**
12. JOSEPH ROTH | **Judeus errantes**
13. LEOPARDI | **Pensamentos**
14. MARINA TSVETÁEVA | **O poeta e o Tempo**
15. PROUST | **Contra Sainte-Beuve**

16. GEORGE STEINER | Aqueles que queimam livros

17. HOFMANNSTHAL | As palavras não são deste mundo

18. JOSEPH ROTH | Viagem na Rússia

19. ELSA MORANTE | Pró ou contra a bomba atômica

20. STIG DAGERMAN | A política do impossível

21. MASSIMO CACCIARI - PAOLO PRODI | Ocidente sem utopias

22. ROGER SCRUTON | Confissões de um herético

23. DAVID VAN REYBROUCK | Contra as eleições

24. V.S. NAIPAUL | Ler e escrever

25. DONATELLA DI CESARE | Terror e modernidade

26. W. L. TOCHMAN | Como se você comesse uma pedra

27. MICHELA MURGIA | Instruções para se tornar um fascista

28. MARINA GARCÉS | **Novo esclarecimento radical**

ISBN 978-85-92649-50-0

PAPEL: **Polen Bold 90 gr**

IMPRESSÃO: **Artes Gráficas Formato**
PRODUÇÃO: **Zuane Fabbris editor**

1ª edição Novembro 2019
© 2019 EDITORA ÂYINÉ